MEIN BUCH DES LEBENS

MEIN
BUCH
DES
LEBENS // Isak K. Burg

Impressum

Autor: Isak Kurt Burg
Copyright 2019

herausgegeben von Maria Steinkampf
Lektorat: Johanna Milde

Satz&Gestaltung: www. grafik-gestaltung.de
Gesetzt aus der DIN und Quiroga Serif Pro

© 2020
Herstellung und Verlag: BoD – Books on Demand, Norderstedt
ISBN: 9783749484461

Bibliografische Information der Deutschen Nationalbibliothek: Die Deutsche Nationalbibliothek verzeichnet diese Publikation in der Deutschen Nationalbibliografie; detaillierte bibliografische Daten sind im Internet über dnb.de abrufbar.

Inhalt

GEDANKEN – WORTE – EMPFINDUNGEN

Einstiegsbetrachtungen

Meine Intention, die gesammelten Erfahrungen meiner verschiedenen Lebensabschnitte als Buch in die Welt zu bringen, beinhaltet verschiedene Aspekte. Zum einen sehe ich mich als Zeitzeuge der Geschehnisse, die ich durch meine Lebensbeobachtung in mir speichere und verarbeite. Zum anderen glaube ich, dass es interessant und lohnenswert für meine Mitmenschen sein könnte, wenn sie in meinem Erfahrungsschatz kramen und vielleicht feststellen, ähnliche oder vergleichbare Lebensaugenblicke erfahren zu haben.
Ich möchte hiermit kein neues Buch zur optimalen Lebensbewältigung auf der Grundlage von positivem Denken geschrieben haben. Davon gibt es schon so viele und sie sind auch oft aussagekräftig und hilfreich. Ich möchte mich mit meinen Lebenseindrücken einfach der Welt zeigen und mitteilen, was und wie ich in meiner mehr oder minder tiefschürfenden Lebensschau, erfahren und empfunden habe...
Alles, selbst das Profanste, zur Kunst erheben, löst Wohlgefühl und Freude aus!

Gedankenströme...

Ja, ich schreibe alles auf und äußere auch das, was sich mir mitteilt. Ich glaube, dass nur im Benennen dessen was ich erkannt und empfunden habe, der Schlüssel zur Nachhaltigkeit liegt. So kann ich mich leichter und schneller wieder an Wesentliches erinnern, falls ich es vergessen habe.

Das Leben erscheint mir wie ein spannender Roman, dessen Kapitel beim näheren Studieren hilfreich sind, gelegentlich aber auch neu formuliert und umgeschrieben werden müssen. In jeglicher Neufassung liegt für mich das Geheimnis von Entfaltung. Da ich mich als Teil des Schöpfungsplans, wie jedes Wesen auf diesem Planeten und in anderen Welten erkannt habe, ist mir daran gelegen, meine Erfahrungsinhalte zu kultivieren.

Der Schöpfungsakt fordert meiner Meinung nach die strikte Einhaltung der kosmischen Prinzipien. Diese Prinzipien sind Ausdruck des einzigen allumfassenden Schöpfers, der Prinzip ist. Von dieser Ur-Kraft, der Quelle des Seins, werden ständig Schwingungen ausgesandt, die in alle Welten hinein und durch sie hindurch wirken. Jeglicher Ausdruck, Form und Nicht-Form, ist Schwingung-Frequenz einer unendlichen Bandbreite, die ständig neue Muster im unendlichen Raum der Welten erzeugt. Es sind jene Muster, die das Auge nie gesehen und das Ohr nie gehört hat... Aber, so frage ich mich: „Wie kann ich all das erfahren, wenn Auge und Ohr es nicht wahrnehmen können?" Und obwohl ich es frage, schwingt ein inneres bestätigendes Wissen, wie eine unhörbare und doch mich alles durchdringende bejahende Stimme.

„Leben findet nicht rational statt", erinnert sie mich und es fühlt sich an, als würde sie lächeln; ja wie ein sanftes Streicheln auf meiner Haut empfinde ich, aber inwendig... Wie kann ich über die Vorstellung einer inneren Stimme, welche zu mir spricht die Empfindung haben, zutiefst berührt und gestreichelt zu werden?

„Weil es eben keine rationale Vorstellung ist", kommt die Antwort prompt zurück.

Ich erinnere mich an eine Aussage im ZEN, die einige Jahrzehnte zurückliegt und mir in diesem Augenblick scheinbar als zeitloses Geschenk präsentiert wird. Für den Verstand gilt die Regel „Zugang nur durch die Wand!" Dieses Rätsel beschäftigte mich einige Jahre und ich fragte mich oft, was es mit dieser gemeinten Wand auf sich habe und wie ich es schaffen könnte, im wahrsten Sinne des Wortes, dahinter zu kommen...

Und jetzt plötzlich soll ich da sein, ohne darüber nachgedacht zu haben, oder vielleicht gerade deshalb?

Wieder empfinde ich dieses innere Lächeln und es wird stärker, mit einem inneren Streichelgefühl, das mich vibrieren und gleichzeitig erschauern lässt. Es fühlt sich so erfüllend, irgendwie glückselig anmutend an. Es hat etwas von einer tiefgehenden Umschlingung beim Liebesakt, bei dem einfach im Augenblick etwas geschieht, was sich der verstandesmäßigen Kontrolle entzieht.

Absolut erotisch empfinde ich und staune, wie der Akt der Rückverbindung, die geistige Versenkung in mein Selbst, solche Empfindungen auslöst. Mit einer solchen Intensität, welche man als absolut lustvoll bezeichnen und solange es nicht erlebt wurde, man es sich so auch nicht vorstellen kann...

Blick in die Seele

Der Blick in die Seele, ins eigenste Innere, offenbart die inneren und äußeren Zusammenhänge. Alles, was an Mechanismen aufgebaut ist um das Innere zu schützen oder zu stützen, ist Ausdruck von Instabilität. Alles, was von außen erzeugt wird, um den inneren Kern als Rahmen zu umschließen oder zusammenzuhalten, erzeugt nur innere Spannung, die sich äußerlich, körperlich manifestiert. Erst durch die Aufrichtung des inneren Lebenskeimes (Seele), durch kontinuierliches inneres Wachstum, können die entlehnten äußeren Spannungsmuster losgelassen werden. Die Aufrichtung der inneren Mitte (japanisch „Hara"- Bauchbewusstsein) erzeugt eine flexible innere Spannung, sodass jegliche äußere Spannung wegfallen kann.

Schöpferbewusstsein
– Mangel-Denken, Mangelbewusstsein

Alles ist Gott - ist Schöpfung. Auch wir sind Ausdruck der Schöpferkraft. Wir sind Schöpfer unseres Selbst, verbunden mit dem allumfassenden Sein. Dieses unvorstellbare alles umfassende Sein ist ein Energiefeld, welches unaufhörlich erschafft und verändert. In diesen Zyklus sind wir eingebunden und somit ebenso ständig schöpferisch und verändernd tätig, sei es in der Tat oder im Geist.
Die asiatische Philosophie des ZEN beschreibt das Unbenennbare mit dem Begriff „Nichts". Paradoxerweise wird dieses Nichts auch gleichzeitig die „Fülle des Seins" genannt. Mir erscheint dies als eine althergebrachte gelungene Beschreibung dessen, was die Quantenphysiker als das Quanten-Nullfeld bezeichnen. Aus diesem Energiefeld entsteht alles und so findet auch jegliche Veränderung statt, heißt es.
Somit werden auch mittlerweile bekannte Methoden der

GEDANKEN – WORTE – EMPFINDUNGEN

sogenannten Quantenheilung erfolgreich angewendet. Ein Mensch stellt sich als Impulsgeber oder bildlich gesehen, als Kanal zur Verfügung, durch den die „intelligente Quantenenergie" zu einem Menschen fließt, bei dem ein Mangel auf psychosomatischer Ebene herrscht.

Je absichtsloser der als Kanal fungierende Impulsgeber ist, um so erfolgreicher kann die Quantenintelligenz wirken. Nicht der sogenannte Heiler (Impulsgeber) heilt, sondern die Schöpferkraft des Quantenbewusstseins (Gott). Der Impulsgeber fungiert wie ein Überbrückungskabel bei der Starthilfe einer leeren Autobatterie, mehr nicht. Durch das Anzapfen des Quantennullfeldes fließt die Energie zu dem bedürftigen Organismus, sei es Mensch, Tier oder Pflanze.

Es spielt auch keine wesentliche Rolle, ob der Impulsgeber betet, Formeln spricht oder sonstige Dankesrituale verwendet. Einzig und allein ist die absolute Bewusstheit des Impulsgebers maßgebend und die Klarheit, mit der er seine Informationen formuliert. Je klarer die Benennung dessen, worum es geht, um so wirksamer die Rückmeldung, bzw. die heilsame Veränderung.

Auch das konstruktive Benennen des zu erreichenden Zustands ist hilfreicher als die Bitte um Linderung eines Leids. Anstatt um Nachlassen von Kopfschmerzen zu bitten, könnte die gedankliche Formulierung die optimale Energieversorgung des Kopfes, mit all seinen Funktionen wie, Durchblutung, Nervenreaktion, Zusammenspiel von Sehnen, Bändern und Muskeln etc. benennen. Da wir durch unser Polaritätsdenken gewohnt sind „weg von - hin zu etwas" zu denken, beschäftigen wir uns üblicherweise zuerst mit dem vor uns ersichtlichen Mangel oder Leid. Dies dient zum Erkennen dessen, was sich uns gerade zeigt. Wollen wir diesen Zustand verändern, ist es hilfreich direkt den optimalen Zustand zu erzeugen, ohne sich mit dem Leid oder Mangel weiter zu beschäftigen. Im unendlichen Quantenbewusstsein existiert weder Zeit noch Raum und auch kein Leid, sowie keinerlei Emotion. Alles ist - und so unvorstellbar es auch für unser rationales Denken sein mag, alles ist gleichzeitig. So kann der Impuls gebende Mensch ohne Umschweife aus all den Quantenmöglichkeiten direkt auf den optimalen Zustand zugreifen und die Energie absichtslos durch sich fließen lassen.

In einem vorgenannten Absatz habe ich die „absolute Bewusstheit" des Impulsgebers angesprochen, auf die ich hier weiter eingehen möchte. Dies ist meiner Meinung nach der wesentliche Aspekt des Menschen, der sich zum „Heilen" berufen fühlt. Je klarer das bewusste Sein eines Menschen ist, um so sinnvoller kann er anderen auch Hilfestellung geben, glaube ich. Diesen Weg der inneren Klarschau nenne ich Streben nach absoluter Bewusstheit, ein immerwährender Prozess ständiger Wandlung mit allem was ist. Wenn also im Kosmos (eine weitere Umschreibung der Schöpferintelligenz) alles enthalten ist was zu jeglicher Schöpfung gebraucht wird, steht also auch alles was hier in unserer physischen Welt benötigt wird zur Verfügung und dies in uneingeschränkter Fülle. Da wir laut wissenschaftlichem Denken auch als Quanten-Götter bezeichnet werden, dürfen wir uns auch an diesen paradiesischen Zustand erinnern. Es gibt also nirgendwo wirklich einen Mangel, außer in unserem Bewusstsein. Unser physischer Körper spiegelt uns nur alles wieder, was wir kraft unseres Bewusstseins erschaffen. Das klingt sehr radikal und ich glaube aus eigener Erfahrung auch, dass dies genau so radikal zutrifft. Der konstruktive Aspekt meiner Betrachtung benennt allerdings weiterhin die Fülle des Seins und die damit verbundenen unerschöpflichen Möglichkeiten jedweder Veränderung. Absolute Bewusstheit schließt für mich das Wissen und Anerkennen der kosmischen Wirkmechanismen mit ein. Dadurch glaube ich, werden wir frei im Denken und erlangen Freiheit im Geist. Das Wissen um die Tatsache, dass jeglicher Baustein unserer Existenz - und sei er auch noch so klein, in unerschöpflicher Fülle vorhanden ist und diese Information darüber in unseren Zellen gespeichert ist, erlaubt uns, dies auch zum Wohle von allem was ist, einzusetzen. Damit bestätigen wir durch unsere Handlung die Schöpfung und offenbaren die universelle Schöpferkraft, die wir in uns tragen.

„Ich glaube, dass ich geboren bin, damit Gott sich durch mich verwirklichen kann", so das Zitat eines namhaften Mönchs und ZEN-Lehrers.
Sind wir nicht alle auf diese Welt gekommen, um dies zu tun? Ich glaube, dass wir gar nicht anders können, als uns selbst zu leben, wenn wir uns unserer Existenz wirklich bewusst geworden sind.
Unser physischer Körper mit seinen vielen kleinen Geheimnissen und großartigen Funktionen, scheint das Paradoxon des „ewigen Lebens" in sich verborgen zu halten. Ständig zerfallen Zellen, werden umgebaut und ständig werden neue erschaffen. Ein immerwährender Akt von Wiedergeburt so lange wir leben...
Wie können wir die Gleichen bleiben, bei dieser ständigen Veränderung unserer physischen Umgestaltung? Ist der

göttliche Funke in uns das, was uns die immerwähren-
de Lebensfreude beschert, wenn wir uns dessen bewusst
sein können? Ist dieser ständige Geburtsakt Impuls dessen, was uns nach außen schöpferisch tätig werden lässt?
Ruhe - Stille...
Sowie wir diesen geschützten Ort verlassen, kommen wir
in die Beschäftigung, werden aktiv. Vielleicht ist Aktionis-
mus nur ein fehlgeleiteter Schöpferimpuls, bei dem der
Blick auf einen Mangel ausgerichtet ist, von dem wir glauben, ihn beheben zu müssen...

Umtriebig und getrieben sein
- Suche nach dem Wesenskern

Viele Menschen haben in dieser schnelllebigen und reiz-
überfluteten Zeit so viele Sehnsüchte und Wünsche, die
sie nicht zur Ruhe kommen lassen. Sie sind ständig mit
irgendetwas beschäftigt, was sie von ihrem Wesenskern
abhält. Sie können nicht zu sich kommen, können nicht
sie selbst sein.
Dies treibt sie oft immer mehr an, sich mit Dingen zu beschäftigen, von denen sie sich, wenn auch nur kurzfristig,
Erfüllung erhoffen. Ob es der Kurzurlaub, das Wellnes-
Erleben oder die Teilnahme an einem gelungenen Event
ist, sind das im Grunde genommen nur äußere Ablenkun-
gen von dem eigentlich tieferen Kernthema.
Die Seele schreit oder ruft zumindest zeitweilig aus dem
Innern. Das geschieht nicht mit Worten, sondern über die
Mitteilung von Bildern, Gedanken und Gefühlen. Diese
Mitteilungs-Botschaften dringen oft, von Symptomen be-
gleitet, nach Außen.

GEDANKEN – WORTE – EMPFINDUNGEN

Der Mensch fühlt sich unwohl, ist verstimmt, gereizt, bis zur Ruhelosigkeit angetrieben oder in Folge von Fehlversuchen lethargisch und antriebslos geworden. Auch die scheinbare „heitere" Neugier mit der ständigen Suche nach dem erfüllenden „Kick", ist Ausdruck der gleichen Form von innerem unerfülltem Sein.

Es mutet an, wie das Bild des Esels, der einer vorgehaltenen Mohrrübe nachläuft, diese aber niemals erreichen kann. Trotzdem gibt ein Mensch selten dieses tief verankerte Verhalten auf, obwohl die meisten spüren, dass es nicht hilfreich ist und die nachhaltige Erfüllung, innere Ruhe und Selbstzufriedenheit ausbleiben.

Was muss geschehen, um diesen dramatischen Zustand zu verändern? Wie dramatisch müssen sich die Lebensumstände entwickeln, bis ein Mensch bereit ist, eine notwendige Veränderung zu bewirken?

Neale D. Walsch erhält in seinem Bestsellerbuch „Gespräche mit Gott" die Frage:"Hast du endlich genug?"....

Damit ist nicht das Anhäufen von Gegenständen und Mitteln gemeint, sondern das Verhalten, welches die eigenst erschaffenen Lebensumstände bewirkt. Walsch musste erst in der Gosse landen, bis er begriff, dass er der kreative Schöpfer seines Lebens ist. Viele Menschen sind noch nicht so nah an der Gosse und damit tröstet sich der Eine oder Andere, der angenommenen Konsumhaltung frönend. So kreist der Mensch weiterhin in Gedanken um sich selbst, unfähig die Lösung und die damit verbundene Zufriedenheit zu finden.

Viele Weisheitslehren benennen die Lösung. Nichts wirklich aufregendes: nur die Aufmerksamkeit auf alle Geschehnisse richten und sich dessen was geschieht, bewusst werden. So einfach!

„Wenn es doch so einfach ist, warum tut es denn kaum jemand?", wirst du dich jetzt fragen. Bevor wir aber hier die Antwort aus der Volks- oder Weltenseele erwarten, lohnt es sich im eigenen Interesse, diese Frage dir selbst zu stellen und ebenso selbstkritisch zu betrachten. Es könnte ein spannender Roman, spannender als jeder Krimi, daraus entstehen....

Der Schritt ins SEIN
– Die Übung des einen Schritts

ZEN-Blätter

Angst vor der Festlegung verhindert das Erkennen des Augenblicks.
Einen Schritt (den 1. Schritt) machen, was gleich handeln bedeutet, heißt sich augenblicklich festlegen.
Im nächsten Schritt (2. Schritt) verändert bzw. verlagert sich alles, sonst geht es nicht weiter (Stagnation).
Im zweiten Schritt also steckt die Entscheidung und Forderung, die vorherige Festlegung (Sicherheitsempfinden u. a. m.) zu lösen, los zu lassen.
So kann erst ein neuer Augenblick entstehen.

Auf rationaler Ebene entsteht in dieser Situation bei den meisten Menschen eine Hemmung, Spannung, Kontraktionsmuster und -ketten im Organismus. Diese Reaktionen resultieren aus dem Wissen von diesem Prozess des Festlegens und Loslassens. So wird z.B. schon bevor die Entscheidung für den ersten Schritt getroffen wird, an die Auswirkung des folgenden zweiten Schrittes gedacht.
Da dies natürlich das Loslassen der vorherigen Festle-

gung (1. Schritt) bedeutet, entsteht die Bewertung (Fehl-interpretation) besser stehen zu bleiben (Vermeidung, Stagnation, falsche Sicherheit). Das Gegebene („Hier und Jetzt") erscheint so als stabile Variable nach dem Motto, „erst einmal festhalten was man hat".

Dies ist zunächst nur ein dynamischer Ausdruck des Betrachtungsmodells von Lebensdurchdringung im Raum-Zeit-Geschehen.

„Hier und Jetzt" ist augenblickliche Lebensdurchdringung!

„Hier und Jetzt" ist immer, in jedem erfahrbaren Augenblick, unabhängig von Raum und Zeit. Es ist der Ausdruck von wahrem SEIN.

„Hier und Jetzt" ist nicht an ein Vorkommnis geknüpft.

Unsere Bewertungsmechanismen verknüpfen rational das SEIN mit der Betrachtung von Raum und Zeit-Durchdringung. So kann der Eindruck entstehen, man könne durch bewegungsloses Verharren, diesen „wertvollen Augenblick des Seins" festhalten.

Dahinter steckt die Idee SEIN-Erfahrung zu konservieren, sie handhabbar zu machen, um sie benutzen zu können, wenn man sie braucht.

SEIN lässt sich nicht benutzen.

SEIN ist.

SEIN kann nur durch das Annehmen des Augenblicks erfahren werden...

Die höchste Kunst der Lebenserfüllung erscheint mir, ist einfach nur „sich selbst sein"!

Doch schon in jeglichem Streben nach Selbstverwirklichung steckt die Annahme, defizitär zu sein, also zu glauben, ein Manko zu haben. Die Vorstellung suggeriert ungenügend, zu sein und deshalb muss der Mangel behoben werden. Der Betrachter sieht sich nicht als ganzen Menschen, sondern betrachtet nur Teilaspekte und versucht so wie bei einem Puzzle, alles zusammen zu fügen, um dann als vermeintlich vollkommenes Ganzes agieren und wirken zu können.

So entsteht möglicherweise eine Betrachtungslinie zwischen Minus- und Pluspol, die aber nur zwischen die Polarität blickt und nicht die Polarität als Ganzes annehmen kann.

Je mehr sich der Mensch in seinem festgelegten Denkschema dem Pluspol annähert, um so mehr schwindet vermeintlich sein Defizit. Hat er die Nullmarkierung überschritten, ist er im Zugewinn. Der Mensch fühlt sich als Gewinner. Folglich muss er, seiner Festlegung gemäß, weiterhin dem Kurs folgen, will er nicht wieder ins Defizit kommen.

Hier liegt der Trugschluss in der systemimmanenten Betrachtungsweise. Das Selbst ist Wirklichkeit. Es ist schon verwirklicht und zwar perfekt. Es ist das absolute Ganze in uns. Im Erkennen unseres Selbst, im Sinne von sich selbst bewusstem Sein, erfahren wir uns als ganzer Mensch. Ganz, im Sinne von Heil sein, d. h. nichts muss unternommen werden, um heil bzw. ganz zu werden.

Alles ist schon vorhanden.

Diesbezüglich meint ZEN: „Nicht tun – und alles ist wohlgetan."

Die egozentrische Ich-Betrachtung verwechselt Sein und Ich, sieht beides als gleichgeltend an. Beides hat nichts miteinander zu tun. Es ist nur beides in einer Person vorhanden und je nach Bewusstseinserfahrung wirksam. Da das Ich aus seiner Egozentrik nicht ausbrechen kann, vergleicht es automatisch mit all den festgelegten Ich-Anhaftungen, alles was ihm begegnet. So wird das Selbst ebenfalls an dem Ich gemessen, was ein wahnwitziger Vergleich ist. Das Ich kennt nur sich. Alles andere ist ihm unbekannt. Egal, was durch die Ich-Brille gesehen wird, es wird an den eigenst kreierten Ich- Anhaftungen gemessen und damit verglichen. Dies ist ein automatisch ablaufender, ganz natürlicher, rational gesteuerter Prozess, vergleichbar mit der Datensammlung im Computer.

Nur das Wissen, dass da noch etwas anderes ist, dass da mehr ist, als nur das Ich-Bewusstsein, lässt eine andere Perspektive zu. Mit dieser neuen Erfahrungsoption kann aus einem anderen Blickwinkel, ohne Überdeckung durch das Ego, ein anderer Bewusstseinszustand erkannt werden. Das Selbst.

Kosmische Schwingungen

ZEN-Blätter

In der kosmischen Schwingung existiert kein Ich (keine Identifikation).

Alles bewegt sich im IST und im allumfassenden SEIN - Zustand. Alles ist miteinander verknüpft. Alles schwingt individuell und gleichzeitig in einem sich ständig verändernden Rhythmus miteinander. Alles was in das kosmische Geschehen hineinschwingt formt sich sofort. Schon im Entstehen der Schwingung ist das gesamte Schwingungsgebilde fertig. Ursache und Wirkung sind zeitgleich, weil es keine Raum- Zeitdurchdringung gibt.

ZEN meint: Unsere Vorstellung trennt uns von jenem immanenten Durchdringungsprozess ab. Vorstellung ist Bildbetrachtung. Durch die Vorstellung sind wir Sinnfokussiert. Wir erfahren nur, was uns das Vorstellungsbild mitteilt. So filtern wir die ganze Wirklichkeit und sie offenbart sich uns nur noch als ein Teil des Ganzen.

Ohne Vorstellung entsteht Sein-Erfahrung. Es entsteht Sein-Zeit. Der einzig wirklich existierende lebendige Zeitausdruck im „Hier und Jetzt".

Dies ist Auflösung des in uns festgelegten Dualismus, der bewirkt, dass wir uns getrennt vom göttlichen Wirken wähnen. Die ritualisierte Übung einer Form ist Hilfsmittel und dient nicht dem Selbstzweck. Inhaltlicher Ausdruck dessen ist absichtsloses Handeln. So entsteht die innere Grundhaltung zur Erfahrung der kosmischen Schwingung, dem immerwährenden Durchdringungsprozess.

Absichtsloses Handeln meint etwas tun ohne Erwartung etwas dafür zu erhalten, in der Hingabe an das augenblickliche Geschehen und nicht jemandem oder irgendetwas zuliebe...

GEISTIGE INNENSCHAU

Ich vermisse nichts.

„In the Morning of my Life" klingt es aus dem Lautsprecher, während ich aus dem Fenster blicke. Sonnenbeschienene Wiesen, Felder und bewaldete Höhen bieten sich meinem Auge dar. Entlaubte Bäume und Sträucher, deren Gerippe sich als fabeltierähnliche Gebilde in den blauen wolkenlosen Himmel recken. Sanft bewegen sich die Zweige vor meinem Fenster im Novemberwind. Mein versonnener Blick nach innen lässt vergangene Lebensszenen vorüberziehen...

Und in diesem Augenblick, aus dem Lautsprecher tönt gerade „My Way", lache ich auf. Kurz, belustigend und dennoch tief durchdrungen von Freude. Wohlige Wärme empfinde ich in all meinen Körperzellen, fühle mich geborgen wie ein Küken in einem Ei.

Alles in mir ist leer geworden. Ich fühle mich frei und unbeschwert, die Zeit steht still.

„Ich vermisse nichts! Es braucht nichts", tönt es lautlos durch mich hindurch...

Fast erschreckend empfinde ich diese klare Aussage. Was ist mit all den liebgewonnenen Menschen, die ich kenne? Brauche ich sie etwa nicht? Ist es nicht egoistisch, sie in meiner augenblicklichen Empfindung einfach beiseite stehen zu lassen? Und meine Kinder..?

Doch ich spüre, dass es stimmt. Es ist stimmig im Erkennen dieses unendlichen Augenblicks.

Ich bin - und das ist alles, was es braucht!

Mit dieser Aussage purzelt plötzlich alles durcheinander

wie in einem Kaleidoskop. Bilder und Gedanken durchdringen verschiedene Ebenen meiner Wahrnehmung, überlagern sich und mischen sich mit aufsteigenden Farbtupfern aus meiner Seele.

Unberührt, ohne Bewertung und voller Aufmerksamkeit betrachte ich das Geschehen, während mein Blick weiterhin auf der sonnenüberfluteten Landschaft ruht. Die Haselzweige vorm Fenster scheinen bestätigend zu nicken.

Ein Bussard schwebt regungslos in der Luft, ebenso schwerelos wie dieser empfundene Lebensaugenblick in meinem Innern.

Ist das jene zeitlose Zeit, von denen die Meister „höherer Lehren" berichten?

Ich spüre, wie dieser Gedanke meinen Mund zu einem Lächeln formen lässt. Es ist mir egal, denn ich genieße gerade den Zustand eines scheinbar immerwährenden Glücks.

Wesensfreude

Jeder Farbtupfer, der sich aus meiner Seele löst und im Außen gewahr wird, ist ein Anknüpfungspunkt für das große Seelenbild Gottes, das in Vollendung schwingt und sich doch immerwährend erneuert.

Jeder Ton, der aus mir heraus schwingt, akzentuiert ursächlich meine Lebensereignisse. Ich wirke und bewirke im kosmischen Geschehen.

LEBENSERFAHRUNG – Wenn ich mein Wirken dem Leben spende, gibt mir das Leben alles, was ich brauche. Wenn ich mich dem Leben schenke, schenkt das Leben sich mir. Wenn ich mich im Leben (Gott) finde, erfahre ich mich lebendig...

Frage und Antwort – das Spiel der Verantwortung

An wen stellen wir die Fragen, die uns im Innern beschäftigen? Wo oder von wem erhoffen wir die Antworten, die wir uns nur selbst geben können? Wenn wir uns der Verantwortung für das Leben, das wir selbst sind, bewusst geworden sind, wissen wir, dass nur wir die Antworten auf unsere Fragen haben.... Verantwortung und damit meine ich, die freie Entscheidung für dieses eine Leben, das ich lebe, ist frei von Schuld- und Pflichtgefühl. Indem ich bereitwillig und authentisch meine Frage in die Welt meines Seins rufe, findet sich die passende Antwort in mir. Sie formt sich als klares inneres Bild mit der Empfindung von Gewissheit.

Wahrheitsschwingung nenne ich diesen Zustand, durch den das Ur-Selbstvertrauen in uns wirkt und uns handeln lässt. Frei von Karma und jeglicher Vorstellung von Schuld. Hier wandeln wir auf dem Weg unseres Seins, dem sogenannten TAO. Wir begleiten und dokumentieren das Experiment „Leben", zu dem wir uns durch Annahme unseres physischen Körpers, entschlossen haben...

Fragen an mein Selbst

Wenn ich die bewegenden Ereignisse der Welt, die großen, wie auch meine kleinen um mich herum betrachte, habe ich manchmal die Empfindung, mich ins kollektive Geschehen stürzen zu müssen. Irgendetwas in mir wittert einen Trend, dem es vermeintlich zu folgen gilt...
Wohin?
Wohin soll ich mich wenden auf meiner Reise im Fluss

des Lebens, wenn nicht erst zu mir?

Bin ich Akteur oder Zeitzeuge der Geschehnisse, welche mich lehren? Oder vielleicht bin ich auch beides. Sollte ich anhalten, aussteigen oder dem Lauf meines Daseins, meinem inneren Kurs weiter folgen..?

Im Trend meiner Wirklichkeit

Alles was um mich herum geschieht und tiefgehend berührt, hat Sogwirkung. In dieser erfahre ich mich im Strudel aller Gefühle mit denen ich resoniere... Die gewaltigen Wellen dieses Ozeans sind der Sturm im Wasserglas meines Selbst. Mein Seelengrund offenbart sich mir in der Ruhe, der Nichtbewegung in meiner inneren Klarschau. So erfahre ich mich in meinem Sein. So erfahre ich mich, uns, wir - verbunden mit allem, was ist...

Spirale des Lebens, statt Teufelskreis

Im Universum existieren nur Kugel- und Spiralformen, zweidimensional gesehen als Kreis. Linien, Ecken und Kanten gibt es nicht. Eine Spirale kann als ein sich immer weiter erhöhender Kreis angesehen werden, also ein offener Kreis, der sich in die Unendlichkeit ausdehnt.

Leben und die damit verbundenen Lebensprozesse verlaufen ebenso zirkulär. Wenn ein Zyklus beendet ist, beginnt ein neuer. Das Ende ist ein neuer Anfang. Dies geschieht allerdings nur dann spielerisch und mit Lebensleichtigkeit, wenn das Leben auch als solches empfunden wird. Wer im Leid und den damit verbundenen Anhaftungen bleibt, für den wiederholt sich alles von Anbeginn an. „Alles was aus mir heraus in die Welt geht, berührt mich wieder von hinten", benennt es ein weiser Spruch. Somit entsteht ein Kreislauf, der wenn er offen und nicht in festgelegten Mustern bleibt, sich im nächsten Zyklus zur Spirale erhöht.

Freude – Leid:

Wenn Gott Ausdruck der allerschaffenden Freude ist, wie kann ich, der untrennbar mit ihm verbunden bin, leiden? Gott kennt kein Leid! Leid kann nur durch „getrennt sein" vom göttlichen Ursprung empfunden werden...

Leid – Mitgefühl:

Mitempfinden folgt auf die Betrachtungen der Ursachen von Leid. Alles ist Gott in uns und daraus entsteht als treibender schöpferischer Impuls die Kraft zum kreativen Handeln. Gedanken und Gefühle werden vereint im Handeln umgesetzt und nach Außen getragen. Wahres Mitempfinden kennt keine Grenzen, weder zu sich selbst, noch zu Anderen, da die vermeintlich Anderen, mit uns untrennbar verbunden sind. Alles ist Gott und göttliche Schöpfung, drinnen, wie draußen...

Heilung – was ist das eigentlich?

Achtsamkeit und Selbstgewahrsein sind die Grundlagen. Mitempfinden ist die Medizin für Leid, Gewahrsein, Ausdruck des Heilens. Die Chance zum „Heilen allen Übels" liegt im Mitempfinden. Deshalb spricht z. B. auch seine Heiligkeit, der Dalai Lama, von der Wichtigkeit des Mitgefühls zur Heilung der Welt. Berührungsängste - sowohl psychischer, wie auch physischer Natur, ziehen einen Mangel an Mitgefühl nach sich. Wer von etwas nicht berührt werden will, grenzt sich ab, will etwas nicht wahrhaben und verdrängt es. Es ist ein Akt der Selbstverleugnung, denn alles was ist, ist und kann somit nicht vom Ganzen ausgeschlossen oder abgetrennt werden. Da wir alle ein Ganzes sind, sozusagen ein Organismus, wie die einzelnen Zellen unseres Körpers, kann keine Empfindung oder Wahrnehmung ausgeblendet werden.

Der erste Schritt um die Empfindungsfähigkeit zu stärken ist, sich nicht betreffen zu lassen. Sich nicht betreffen lassen ist keine Verneinung von Mitgefühl. Es ist nur eine sinnvolle Entscheidung, trotz der wahrgenommenen Empfindung, nicht in die Angst abzutriften und damit handlungsunfähig zu werden.

Es ist gut möglich, die Berührungsangst zu verlieren, indem man übt hinzuschauen in das, was die Angst auslöst. Die Empfindungen können in geistiger Innenschau dann überprüft und gegebenenfalls neu bewertet werden. Dies ist eine wesentlicher Schritt zur Selbstheilung, die sich damit auch sofort auf den Gesamtorganismus Mensch überträgt ohne, dass dafür etwas getan werden müsste. Somit findet Heilung immer im Kollektiv statt. Was andere heilt, heilt mich - was mich heilt, heilt andere. Heilung ist universell.

Lösung – Erlösung

ist ein Regelungsprozess, der dem Prinzip der Verdauung ähnelt, was akzeptieren und die darin enthaltenen Forderungen erfüllen, bedeutet. Das heißt: „Bei allem, was geschieht in der Liebe (Gott) bleiben." Erst wenn alles verdaut ist, lösen sich die Verstrickungen. Die Geschehnisse, die Energie binden und sozusagen Gott verhindern, wandeln sich. In diesem Gnadenakt ist es möglich, Gott-Durchdringung zu erfahren und auf höherer Schwingungsebene mitzuschwingen, was bedeutet, die universelle Liebe in sich wahrnehmen zu können. Sich vorzeitig aus dem (schmerzhaften) Erfahrungsprozess herauslösen wollen (Flucht, Vermeidung), bewirkt nur eine Verdichtung der Überlagerungen. Die Herauslösung aus dem wichtigen Erfahrungsprozess bleibt ruptiv und geschieht somit schmerzhaft. Freie Entscheidung kann als ein Geschenk Gottes (der Schöpfer, der ich bin) für das Durchleben der angebotenen Lebenssituation empfunden werden. So entfaltet sich auf sanfte Art und Weise etwas, was das Leben um eine weitere Facette bereichert.

„Verlassensein"

Würde Gott zu uns über das Thema sprechen, dann könnte seine Antwort folgenden Inhalt haben...

Ich kann dir nicht die Angst vor dem Verlassensein oder des Verlassenwerdens nehmen. Denn diese Angst, die durch de ne Vorstellung erzeugt wird, sendest nur du selbst aus. Du erzeugst damit die Szenarien mit denen du dementsprechend in Resonanz gehst. Damit hast du dich von mir abgewandt und kannst weder erkennen, noch fühlen, dass ich dir ständig nahe bin.
Der Schleier deiner Angst verdeckt den Blick zu mir. Da du aber, wie alles was ist, ein Kind der Schöpfung bist, kannst

du niemals von mir getrennt sein. Das, was du Kraft deiner Gedanken zwischen uns stellst, nimmt dir allerdings die Möglichkeit, mich in dir zu spüren.

Ich bin immer und somit immer da. Suche mich aber nicht irgendwo im Außen, sondern richte deine Wahrnehmung nach innen. Spüre in dich hinein bis auf deinen Seelengrund und du wirst mich erkennen. Du kannst mich mit deinem inneren Ohr hören, wenn ich zu dir spreche. Voraussetzung dazu ist, dass du dich nicht mit äußeren Dingen ablenkst, meine leisen Mitteilungen nicht mit Wortgetöse oder anderen Geräuschkulissen deiner äußeren lauten Welt überdeckst.

Ich bin bei dir. Ich halte dich und somit ist die gesamte Schöpfung mit dir, jubilierend, strahlend, erhellend. Dies ist der Zustand des Ur-Selbstvertrauens, der Geborgenheit und Zuversicht - Ausdruck der Liebe. In der alles durchdringenden Liebe existiert keine Angst. Entscheide dich also weise, wo du dich hinwendest. Zur Angst oder zur Liebe..?

Liebe – Angst:

Wo Liebe ist – ist keine Angst!
Wo Angst ist – ist keine Liebe!

Was hindert mich daran, mir selbst zu vertrauen? Das Vertrauen in mein Selbst ist das Vertrauen in Gott, in die universelle Schöpfung, die ich bin. Gott und ich sind untrennbar miteinander verbunden. Gott und ich sind eins!

Leben lebt sich augenblicklich, unwiderruflich! Und so ist es wahrnehmbar oder wird von der Vorstellung verdrängt. Im Streben nach Erfüllung des Lebens wird der Lebensaugenblick, hier und jetzt, negiert. Er ist gar nicht wirklich vorhanden, bzw. überdeckt von vielen augenblicklich fokussierten Ereignissen, denen wir unsere Aufmerksamkeit schenken. So findet eine Lebensbetrachtung statt, in der Orientierung an Bildeindrücken aus dem Alltag oder auf der Suche nach einem passenden Klischee.

Dieser Betrachtungsprozess ist die Suche nach einer lebenswerten Realität. Die Sinneseindrücke werden kognitiv verarbeitet und in einem ständigen Identifikationsprozess zu einer Lebensbilderschau zusammengefügt. All das ist nur die Vorstellung, die an das eigene Identifikations-Verhalten gebunden ist. Tatsächlich ist dieses Geschehen nur eine nach außen gerichtete oberflächliche Betrachtung, die den augenblicklichen Lebensausdruck (sich selbst) nicht in Betracht zieht.

Im wertungsfreien Betrachten der gegenseitigen Widerspiegelung innerer und äußerer Zusammenhänge, können erst Erkenntnis und Einsicht geschehen. In der geistigen Innenschau erfährt sich das Leben selbst. Alles ist mit allem verbunden. Der Anschein des Dualismus ist aufgelöst...

Selbstbeobachtung:
– zum Erkennen dualistischer Denk- u. Verhaltensmuster
– zur Auflösung von Begrenzungen und Festlegungen zur Erfahrung der Einheit von Leib und Seele.

ÜBUNG IM ALLTAG

Das Leben, ein Spiel:

> ein unvollendeter Tanz mit immer wiederkehren-
> den Rhythmen, im kreativen Austausch mit den
> kosmischen Schwingungsfrequenzen.

Begegnung mit dem neuen Tag

Der Tag meines Lebens tritt mir entgegen. Offen und klar
als Spiegel meines Selbst, mir zu offenbaren, was durch
mich geschieht, wer durch mich wirkt und wie ich mich
lebe.

Du Tag, in der absoluten Reinheit göttlichen Seins geboren, ohne jegliche Anhaftung. Unschuldig im Zeitgesche-
hen sammelst du die Ereignisse, reihst sie wie Perlen an-
einander, in deiner Zeitstruktur. Im Blick auf dein Äußeres
erfahre ich die Faszination des Lebensalltags, der Weltge-
schehnisse und der Lebenszeitereignisse in einer exakten
Verkettung, verwoben in Vergangenheit und Gegenwart.

Du bist konkret. Alles Verborgene, Geheimnisvolle, alle
Möglichkeiten und Unmöglichkeiten offenbaren sich
durch dich. Alles ist Widerspiegelung meines Seins, gna-
denvolle Erkenntnis meines Selbst. Du offenbarst eine
Wirklichkeit, die ich noch nicht kenne. Wie viele Wirklich-
keiten bleiben mir noch verborgen?

Dich betrachtend, mit dem objektiv fokussierten Blick auf
deine festgelegte Zeitstruktur, erscheinst du mir wie ein
Modell, ein funktionales handhabbares System.

Du kommst und gehst, bist aber irgendwie nicht wirklich.

Nichts bleibt von dir zurück, außer einem Datum und die Erinnerung.

In allem, was du nach außen in deiner Zeitstruktur zeigst, birgst du in deinem Wesensinnern Geheimnisse. Die äußerlichen Geschehnisse sind Strukturverläufe.

Du selbst bist lebendig. Du bist meine göttliche Ergänzungshälfte, mein Rahmen und Raum zum Leben und zum Wirken.

Du bist mir als Orientierungshilfe für diese Lebens-Raum-Zeit-Durchdringung mitgegeben. In dir lebe ich und finde ich mich. In dir strukturiere und organisiere ich mich. Du bist mein lebensbegleitender Raum, Schutzzone, Zuflucht, Ruhe oder hektische Betriebsamkeit. In dir komme ich mir näher oder erfahre dich als eine Realität, die mich in meiner Vorstellungswelt gefangen hält. Dann geht mir das Wesentliche von dir verloren.

Mein lieber Tag - wenn ich mich wirklich auf dich ganz einlasse - mich dir überlasse, was wird alles geschehen? Ich will es erfahren! So, wie du dich mir schenkst, mir eine neue Lebensoption gibst, liegt es ausschließlich an mir, mich in dir zu erfahren und den lebendigen Augenblick wirklich werden zu lassen.

Fenster zur Welt

Meine Fenster zur Welt sind blind geworden. Grau, verstaubt und lichtundurchlässig. Ich nehme die Welt dahinter zwar noch wahr, aber es ist nicht mehr die Wirklichkeit.

Alles ist irgendwie verzerrt, nicht echt, nicht wirklich. Es ist auch gar nicht so, wie ich es mir wünsche. Und so ist mein Blick nach draußen stumpf geworden. Und wenn das Licht der Welt plötzlich durch das matte Grau strahlt, spüre ich tief in meinem Inneren, dass ich gar keine echte Verbindung nach draußen habe.

Getroffen vom Licht muss ich mich entscheiden. Lohnt es sich, diesem lebendigen Impuls zu folgen oder schließe ich lieber die Augen und rutsche noch tiefer in meine selbstgewählte Lethargie?

Es gäbe so viele Anknüpfungspunkte. Alle unerfüllten Wünsche wären es ja wert, sich mit der Wirklichkeit da draußen zu beschäftigen. Aber auch die kleinen bunten Farbtupfer auf meiner inneren Leinwand sind abgeblasst, grau geworden. Es lohnt sich einfach nicht, sich aufzuraffen, sich wirklich zu bemühen.

Wenn jemand die Fenster öffnen würde? Wenn ich wirklich etwas klarer erkennen könnte? Dann - vielleicht?

Alltagsgeschehen

Es spielt absolut keine Rolle, was uns im Alltag begegnet! Es ist unwichtig, warum etwas geschieht. Es ist auch nicht wichtig, wie es geschieht.

Auch das, was das Geschehen jetzt im Augenblick hervorruft, kann nicht verhindern, dass es dennoch in die Welt hinein wirkt.

Unser rationaler Kontrollmechanismus will natürlich einordnen, bewerten und darüber urteilen...

Wir können uns natürlich unseren Gewohnheitsmustern zuwenden und diese bestätigen.

Was hilft es aber in diesem Augenblick des Erlebens?

Alles was uns begegnet trägt den schöpferischen Lebensimpuls in sich, den fruchtbaren Keim, aus dem etwas Großes, bisher nie Dagewesenes entstehen kann. Wenn wir anstatt zu beurteilen, uns ganz auf das Geschehen einlassen, es also vorbehaltlos annehmen, haben wir die grenzenlose Möglichkeit es in jedwede Richtung zu lenken. Wir können im augenblicklichen Erkennen dieses Zustands etwas völlig Neues erschaffen.

Wir sind Magier, Zauberer, wenn wir die Kraft unserer Imaginationsfähigkeit benutzen. Das ist unsere innewohnende Schöpferkraft.

Das wirkt vielleicht auf den Einen oder Anderen naiv oder abgehoben, gar unglaublich und ist dennoch die Wahrheit.

„Die Dinge sind nicht immer so, wie sie zu sein scheinen", sagte mal ein schlauer Mensch. Damit verweist er auf die hintergründig wirkenden Prinzipien.

Wenn wir dies wissen, ist es auch erlaubt dieses Wissen anzuwenden...

Kommen wir also zurück zum Geschehen im Alltag. Egal, welche scheinbar als schlimm erlebte Situation wir betrachten, sei es das Überkochen der Suppe auf dem Herd oder das Überlaufen der Badewanne. Verhindern können wir dies währenddessen nicht. Wir können aber kreativ handlungsfähig bleiben und somit den Zustand nach unserem Gutdünken verändern.

Je weniger wir in solchen Augenblicken betroffen sind, um so besser und schneller können wir handeln. Wenn wir vergangene Gedankenbilder zu Rate ziehen, darin auch noch verharren, eventuell Angst erzeugen, sind wir blockiert, angemessen handeln zu können.

Anstatt also „Sch..." zu brüllen und sich über die Unachtsamkeit zu verurteilen, könnten wir auch lachend sagen:" Wow, mit diesem überkochenden Temperament könnte ich ja die ganze Welt verköstigen." Bei der überlaufenden Badewanne könnte es heißen: „Was für eine überfließende Energie. Ich scheine mich im kraftvollen Fluss des Lebens zu befinden." Wenn diese gedankliche Umformung, vom scheinbar Negativen, in eine positive Betrachtungsweise gelingt, sind wir kreativ Handelnde.

Wir fühlen uns wohl und entspannt, trotz des scheinbar misslichen Geschehens. Zudem handeln wir in Freude und diese treibt uns zu weiteren hilfreichen Taten an...

Gedanken-Stütze...

Sprich mit dir.
Personifiziere deine Gedanken.
Unterhalte dich mit diesen fiktiven Personen.
Sage ihnen all das, was dir am Herzen liegt oder auf der Seele brennt.
Keine Sorge, du bist nicht verrückt, wenn du dies tust.
Du nutzt nur diese innere Kommunikation, um Klarheit in dir zu schaffen.
Du löst damit belastende Probleme und empfindest Entlastung.
Wissenschaftler haben herausgefunden, dass es unserem Hirn egal ist, ob etwas real geschieht oder in Gedanken. Wir reagieren mit den gleichen Mustern darauf. Also traue dich. Du bist ja mit dir selbst in bester Gesellschaft

Niemandsland – auf dem Weg zur Freiheit...

Alles und nichts ist wirklich. Die Härte dieser Realität trifft mich im Wesenskern. Gnadenlose Konsequenz - erprobte Wirksamkeit im Weltgeschehen. Weder im Leben noch im Tod verhaftet. In der Zwischenwelt gefangen. In jenem Raum, der kein Raum ist. Nur eine Grenze, unsichtbar einem Hauch gleich und doch manifest, spürbar, erfahrbar, in ihrer Ausdehnung der Unendlichkeit gleich.

Tränenströme winden sich durch die Unendlichkeit, sich aus mir zu ergießen, alles zu nässen. Schmerzenswäsche - Freude purzelt in munterer Gleichgültigkeit durch die Geschehnisse. Misstandsvisionen erbarmungsloser Grausamkeit verschlingen mich, einem Moloch gleich, um mich wieder auszuspeien. Das Ende ist der Anfang der Tortour. Und die Gewissheit: „Alles darf sein!" erfahre ich eher gespenstig, schreckhaft und trostlos, anstatt sinnvoll. Wo ist meine Welt? Wo ist mein Platz? Wo ist ein Raum, in dem ich mich wiederfinden kann?

Umkehr, Abkehr von diesem Anblick der inneren und äußeren Klarschau?

Gibt es keine Hilfestellung in dieser bewegten Stagnation? Hilfeschreie verhallen im Niemandsland ohne Echo. Nichts wird bewirkt. Alles ist nur bestimmt vom augenblicklichen SEIN. Ohne Zukunft, ohne Vergangenheit ...

Der vorherige Zustand vor diesem entscheidenden Schritt war bekannt, gewohnt. Hier herrscht Orientierungslosigkeit. Es gibt keinen ersichtlichen Weg, außer dem Impuls der vorwärts strebenden Gegenwart zu folgen. Schritt für Schritt, ohne jegliche Gewähr auf Ankunft.

Das identifikationslose Selbst schreitet weiter, ohne Form, ohne Spuren zu hinterlassen. Ohne Schritt, auf dem ziellosen Weg der Unergründlichkeit. Hier bleibt das Ich der Ungewissheit überlassen. Das Ich, welches an vorherige Vorgänge und Ereignisse gebunden und in vielerlei Verbindungen und Anhaftungen verstrickt ist. Es ist gefangen im

Konditionierungsmechanismus.

Hier gilt nur noch die Prämisse, die Unsicherheit sich selbst zu überlassen und zielgerichtet, aktiv handelnd den Wandlungsprozess zu begleiten, bis das anhaftende Ich zerfällt. Es zerfällt in Nichts.

Dies ist wirkliche Befreiung - Befreiung von allem.

Die friedvolle Gegenwärtigkeit liegt jenseits der Worte und Vorstellungen. Hier wirkt die liebende Selbstlosigkeit in der Einheit mit Gott.

Mein Lebenszyklus – meine tägliche Übung

ZEN-Blätter

Das Alte - (das gekreuzigte, tote, verstorbene) endlich ablegen und in stiller Trauer beerdigen

Das Neue - (Auferstehung) begrüßen, freudig und vorbehaltlos annehmen.

So komme ich mir jeden Tag im Bewusst-Sein näher.

Mein morgendliches Zeremoniell, mein Selbst-Check der Sinne, führt mich zu meiner Aufgabe, die ich in meinem Inneren tagsüber bearbeite.

Gedanken drängen ins Bewusstsein, wollen sich mitteilen, mich animieren hier und da doch schnell noch etwas Wichtiges erledigen zu müssen.

Wenn ich dem Gedanken folge, finde ich mich in Gedankenketten verloren wieder, all das erfüllend, was gedanklich vorgegeben ist.

Somit spult sich programmgemäß eine Aktivität ab, die von außen betrachtet durchaus produktiv erscheint. Nur lässt diese Aktivität nicht zu, dass ich wirklich näher zu mir komme, mich erfahre und lebe. Dieses produktive

Geschehen ist eine Form der Ablenkung von meinem Selbst.

Meine tägliche Übung ist der „Vitalstart" in den bewussten Tag, wie der erste Schritt ins Leben. Jenes Leben, das mir der neue Tag schenkt, in dem ich mich bewusst lebe.

Farben der Wirklichkeit

Alles was mir begegnet fällt in mich hinein, in mein Inneres, das Sammelbecken der Farben. Alle Eindrücke baden in einem unendlichen Farbenmeer, in den Wogen der Glückseligkeit, der Furcht und auch der Trauer. Hier mischt sich in die Farbeindrücke göttliche Schwingung. Sie werden zum Klangbild, welches mich durchdringt, erfüllt in mir aufsteigt und sich wieder dem Außen darbietet. So passe ich mich dieser gefügten Ordnung an, folge ihrem Ausdruck und lasse geschehen. Jeder Augenblick ist so kostbar, so erfüllt von Leben. Und jeder lebendige Eindruck ist wieder ein wesentlicher Farbtupfer in dem unendlichen Schöpfungsprozess, dem Bild des Lebens, an dem der Schöpfer ständig malt.

Inspiration und Wandlung

ZEN-Blätter

Wie ich die Welt gerade sehe und betrachte, mit den Augen eines Kindes, so lasse ich die Eindrücke als Botschaften auf mich einwirken. Dadurch erfahre ich den Augenblick lebendig. Erkenntnis und emotionale Zustimmung wirken synchron und ermöglichen mir eine direkte Teilnahme an den lebendigen Prozessen in mir und um mich herum. Diese Art echter Teilnahme am Geschehen macht mich zum Teilhaber einer anderen, tiefer empfundenen Wirklichkeit. Der Augenblick wird für mich zur Offenbarung.

Es ergibt sich ständig etwas Neues. Aus Anteilnahme und Teil-Haben erwächst in befruchtender Gegenseitigkeit Selbsterfahrung. Hier hebt sich die dualistische objektivierende Sichtweise auf. Es entsteht Selbstgewahrsamkeit. Hier erfährt sich mein Sein selbst. In diesem grenzenlosen Schritt erfahre ich mich in Jedem, als untrennbar miteinander verbunden.

Ich erfahre mich in dir
Du, der Du bist
und durch mich wirkst.
Somit sind Wir
als Einheit handelnd im Sein.

FRÜHSTÜCKSMEDITATION

Erfahrungen

Gottbegegnung

Auf der Suche nach dir
habe ich dich in mir gefunden,
untrennbar vereint, immerwährend.

Lieber Gott
von dir komme ich.
In dir bin ich
ruhend im allumfassenden Sein.

In der Liebe aus dir
erfahre ich dich,
spiegelst du dich in mir.

So wie du dich mir unaufhörlich schenkst,
will auch ich mich hingeben,
unaufhörlich dem Leben schenken,
dem göttlichen Plan der Erfüllung folgen.
Von Ewigkeit zu Ewigkeit . . .

Blatt im Herbst

ZEN-Blätter

Du Blatt, lebendiger Ausdruck des Herbstes im Kirsch-
baum- Wipfel. Seit Tagen beobachte ich dich mit Ehrfurcht
und Liebe. Freudig begrüße ich dich am Morgen eines

jeden Tages, mal flüchtig, mal zugewandter. Ich bewundere deine Geduld, deine Anmut, deine Sorglosigkeit der Geschehnisse gegenüber. Wie eine kleine zum Himmel lodernde Flamme hängst du in völliger Hingabe an der höchsten Spitze deines Baumes. Deine Nachbarblätter haben dich schon seit Tagen verlassen. So bliebst du alleine zurück als Zierde deiner Zweigspitze, gibst dich der Herbstbuntheit hin - Gottes Natur-Still-Leben.

Du erstrahlst im Glanz der Morgensonne, lässt dich vom Wind streicheln und zausen, neigst dich regengepeitscht und bleibst doch immer noch an deinem, dir angestammten Platz.

Ich teile täglich die Lebensfreude mit dir.

Ich weiss jetzt noch nicht was sein wird, wenn du deinen angestammten Platz verlässt, dich einfach ganz dem Geschehen hingibst, loslässt, um zu fallen und einer neuen Bestimmung entgegen zu schweben.

Herbstgold

Herbstgold fällt vom Himmel. Abgeschüttelt vom Leben, noch vom Sonnenglanz beseelt. Im Niederlegen krümmt sich langsam das sterbende Blatt. Mit jedem Hauch des Vergehens rollt es sich ein wenig mehr ein aus seiner bisherigen Form. Ist es eingerollte Trauer oder spiralig zentrierte Freude? Es erklingt weder Ächzen noch Stöhnen aus dem bunten Blätterteppich der Allee. Es ist ein eigentümlicher, freudig anmutender Hauch, der die Baumallee umsäumt. Weg und Einblick in die Stille der Natur-Zeremonie. Beispielloser Ausdruck des Wandels vom Vergehen und Werden...

REGEN IM HERBST

Ein Beispiel

Grau konturiert bunte Büsche und Bäume. Ein gleichmäßiger Kontrast, der die Herbstbuntheit noch verstärkt. Weiches, sanftes Grau, welches sich weinend über die Farben ergießt, dem Herbstbild einen feuchten Glanz verleiht.

Das Grau weint. Fast unhörbar, stetig, und die Blatt-Widerstände formen einen Rhythmus.

Es erklingt ein Regenlied.

Luftchöre und fliegende Kapellmeister, in den Bäumen und Büschen geschützt musizierend, begleiten und untermalen die Wassermusik. Achtsamkeit und wache Betriebsamkeit beschwingt das symphonische Werk. Scheinbar ist es die Generalprobe vor einer Premiere. Das fliegende Orchester formiert sich ständig neu. Andere Besetzungen, neue Stimmen aus verdeckter Kulisse oder auch aus herausragenden Positionen werden ständig neu eingeübt und ergänzt.

Ein pelzbekleideter Kulissenschieber mit buschigem Schweif, emsig und geschäftig hin und her springend, scheinbar mehr mit sich selbst beschäftigt, ergänzt die Szenerie. Welch Alltags-Komik! Ein Festakt der Natur. So wie ich dich jetzt wahrnehme, entfliehst du mir doch im Alltagsgeschehen.

Zunächst hörte ich es nur regnen. Dann betrachtete ich den Regentag. Mit zunehmender Wahrnehmung erfuhr ich mehr. Alles wandelte sich. Nicht ich war Betrachter, sondern wurde zum Betrachteten. Mehr noch, ich wurde zunehmend Akteur in dem Szenario, das mich mit einschloss. Ich erfuhr eine Wirklichkeit, die der oberflächlichen Betrachtung verborgen bleibt. Ich wusste plötzlich um die Trauer des Regentropfens, der sich aus seiner Einheit herauslöst, in eine andere Wirklichkeit fallen lässt und sich gleichzeitig freudig in ein anderes Lebensgefäß ergießt. Und alles drum herum war daran beteiligt. Einschließlich mir, der zunächst noch zögernde Betrachtende. Im Aufgeben meines Identitätsbewusstseins fand ich mich als Mensch im Mittelpunkt des Ganzen wieder.

Welche Wandlung - welche Freude. Ja, es ist - wir sind...

Suche nach Erkenntnis

ZEN-Blätter

Suche nach Erkenntnis ist die Abwendung von dem augenblicklichen Geschehen.

Augenblickliches Geschehen heißt das „Hier und Jetzt" zu akzeptieren, den Augenblick so anzunehmen, wie er sich darbietet.

Suche nach Erkenntnis ist Sucht gewordene Identifikation und Abwendung vom eigenen Sein.

Das Ego verhaftete Ich dominiert das Geschehen. Haben und etwas haben wollen tritt an die Stelle des allumfassenden Sein. Es entsteht eine Handlungsweise aus defizitärer Sicht. Wissenskonsum ersetzt Lehre und Ritual. Es entsteht Vermarktung um jeden Preis, auch um den der Selbst-Aufgabe. Der ursprüngliche paradiesische Zustand der Makellosigkeit wird durch den Blick des Verlangens schattenhaft überdeckt. Die Reinheit der Schale ist getrübt. Die Einheit ist gestört. Ein Riss ist entstanden. Und mit jedem weiteren Streben nach Erfüllung des Haben-Wollens, wird dieser Riss breiter und größer. Die treibende

Kraft des Verlangens vergrößert mit zunehmender Intensität die Kluft zwischen den Ergänzungshälften. Das übergeordnete Prinzip zerfällt in die Einzelheiten der Polarität. Die Einheit zerbricht an der objektivierenden Sichtweise. Die Pole stoßen sich ab, anstatt sich anzuziehen. Die Illusion ist perfekt. Somit entsteht eine neue Handlungsebene. Die auseinander driftenden Pole versuchen sich zu ergänzen. Die Überdeckung durch die objektivierende Sichtweise lässt aber keine andere Fokussierung zu. Mit dem Perspektivenwechsel ging auch die wesentliche Information verloren. Erst durch Rückbesinnung auf den ursprünglichen Zustand, wird das Wesen um die Einheit wieder ersichtlich.

Rückverbindung meint hier:
Versenkung in das eigene Wesen zur inneren und äußeren Klarschau,
Erkennen und Überwindung des verhaftenden Ichs,
Erfahren des Selbst,
Erfahrung des allumfassenden SEIN.

Kein Tee – kein Ich

ZEN-Blätter

Wie kam es an diesem Tag zu diesem Zufall oder war es mehr ein Unfall?
Ausgerechnet für diesen Tee griff ich nicht, wie die Tage vorher zum Teebecher, sondern zur breiten flachen Schale. Folgte ich einer vorbestimmten Intuition oder war es einfach nur der außergewöhnliche Wunsch nach einem anderen Gefäß, um den Tee zu würdigen? Lag es vielleicht

auch daran, dass ich in der vorausgegangenen Nacht ein meditatives Bild gemalt hatte?

Von dieser Bildschwingung ergriffen, erschien mir an diesem Morgen jeder Handgriff wie eine Zeremonie. Und so betrachtete ich Tee trinkend das fertiggestellte Bild. „Befreiter Geist" dachte ich und erblickte plötzlich gedankenverloren mein Antlitz im Teerest meiner Schale. Die Teezeremonie an diesem Sonntag war ein gewohntes Ritual, wie an vielen anderen Tagen bisher in meinem Leben. Entspannter Genuss, zelebrierte Achtsamkeit in der Absichtslosigkeit im Alltagsgeschehen.

Mein Spiegelbild tauchte plötzlich im letzten Teeschluck auf und verging unmittelbar im Augenblick des Erkennens. Der letzte Schluck.

Alles ist leer.
Kein Tee - kein Ich
Nur eine leere Schale

Leere Schale – leerer Geist

ZEN-Blätter

Leer, unberührt, klanglos, still,
zur Ruhe gekommen
im Erkennen der eigenen Ursprünglichkeit.
Rein - ohne Anhaftung.
Formlos und klar in der Kontur.
Ohne Inhalt, ohne Leere,
in der Fülle des Seins.
Schwingend ohne Ton

FRÜHSTÜCKSMEDITATION

im kosmischen Klang.
Der lebendige Augenblick gebiert sich selbst,
wie der Geburtsakt eines neuen Jahres.
Nichts ist und alles ist vorhanden.
Hier und jetzt.

Finde mich, schlage mich an.
Ich werde schwingen im ergänzenden Rhythmus
zu Deinem Selbst.
Berühre mich in meinem Innersten.
So erfüllst Du mein Sein
und die unerschöpfliche Fülle
klingt aus mir heraus.

Bewusst – Seins – (T)Raum

Inmitten des Lebens,
ein Refugium der Idylle
und der Schönheit
dieser Welt.

Hier, im Einklang
mit dem Takt der Natur,
weitet sich der Raum
für Kreativität
und Bewusst-Sein.

Schöpferkraft wird gewahr,
offenbart sich
drinnen und draußen,

lässt der Entfaltung
der Sinne ihren Lauf.

Die Ankunft
am Ort der Stille,
in der Ruhe des Seins,
öffnet die Tür
zum Gewahrsein
der Gegenwart.

SCHREIBEN – MALEN

Farben der Wirklichkeit

Bunte Farbtupfer lösen sich aus meiner Seele, farbenfrohe Lebensimpulse, stimmungsvoll, gedankengetragen und gefühlsbetont. So dringt das innere Bild nach außen. Es gebiert sich selbst und fordert mir Handlung ab.
Jeder Kreidestrich ist ein kommunikativer Akt, eine Botschaft nach außen. Sich und die inneren Erfahrungen im Außen gewahr werden zu lassen, sich so der Welt mitzuteilen, ist Wirken und Erfüllung zugleich. Seht und habt teil an diesem schöpferischen Geschehen. Nehmt dieses Geschenk der Schöpfung an, indem ihr Anteil nehmt, Teilnehmer dieses Geschehens seid. Somit werdet ihr zum stillen Teilhaber in diesem Prozess der Schöpfung. Erfahrt nur diesen einzigen Augenblick. Mit etwas Geduld wird er sich einstellen, wird spürbar, erlebbar - wird zum Jetzt. Lasst uns diesen einzigartigen Augenblick der Wandlung und Schöpfung gewahr werden...

Leere

Wenn mir nichts mehr bleibt,
als nur Ich,
wohin soll ich mich dann wenden?

Wen könnte ich fragen?
Welche Richtung soll ich gehen,

um zu mir zu kommen
in das Haus meiner Seele?

Was gibt es zu tun?
Wie kann ich´s anfangen?
Wo soll ich beginnen?
Da ich nur noch mich habe,
mein ganzes Sein,
welches selbstvergessen
dahin dümpelte,
will ich alles abstreifen,
loslassen,
was nicht wirklich
zu mir gehört.

Ich bin frei,
befriedet und froh.
Ich tue alles
was ich will
mit unbändiger Lebenskraft
und Kreativität.

Vollkommen . . .

Vollkommen war ich,
ganz,
heil an Körper und Seele.
Es gab nichts zu verbessern
oder hinzuzufügen.

In mir ruhend
erschien mir das Leben
als Freude,
als eine Glückseligkeit,
die ich in die Welt lebte.

Dann geschah das Unfassbare.
Worte und Gedanken,
von denen ich nicht wusste
woher sie kamen,
umgaben mich
mit einem undurchdringlichen Netz.

Ich war gefangen in den Maschen der Illusion,
musste hören und sehen
was mir eingeflüstert
und in Schreckensbildern
gezeigt wurde.

Nichts konnte ich verstehen
von dem,
was mir erklärt wurde,
mich immer wieder
aufs Neue mahnend,
den dargebotenen Mustern
zu folgen und nicht abzuweichen.

Ich wollte nicht verloren gehen,
war folgsam und wurde brav.
So lebte ich
angepasst und eingebunden
im Netz der Gesellschaft.

In meinen Träumen
erinnerte ich mich,
war auf der Suche
nach meinem verlorenen Selbst.

Was könnte ich tun,
meine Seele
zu befreien?
Wie könnte ich den Ängsten
und Zwängen entfliehen?

Fragen ohne Antwort,
denn das Netz
ließ keine Information
hindurch,
wurde nur enger,
restriktiver und
blieb unerbittlich.

Dann eines Nachts
erblickte mich
aus dem Grund
meiner Seele
mein strahlendes Antlitz.

Ich schaute
in meine Augen,
in mein lachendes Gesicht,
welches mir seine
Lebensfreude widerspiegelte.

Seitdem weiß ich,

fühle aus der inneren Gewissheit
und entscheide
aus der wieder gewonnenen
Freiheit meines Seins.

Kein Manko,
keine Unfertigkeit,
die es zu verbessern gäbe.
Kein Puzzlestück
zum Vollenden des Ganzen.

Alles ruht wohl geordnet
an seinem Platz
und erfreut sich
an der unbändigen Kraft
des Lebens und der Liebe
nach sich selbst.

Spielplatz

Auf dem Spielplatz meiner Kindheit
ging ich mir verloren.
Jetzt finde ich mich wieder, Stück für Stück
und erobere mir jene Abenteuer,
welche mir die Lebenslügen verdeckten.
Ich erinnere mich nicht mehr in welcher Schlacht ich fiel,
durch wessen Hand oder Geschoss.

Ich fühle, wie aus den Narben der Vergangenheit
Blütenträume sprießen.

Lebensfreude durchpulst mich,
Ausdruck der Erneuerung meines Seins.

Liebe erfüllt mein Herz,
löscht die einstigen Seelenqualen in mir.
Farbtupfer meiner Seele dringen in diese Wirklichkeit,
die ich jetzt kreiere, kreativ und lebensbunt,
mein neues Sein erfüllend...

Welt

Welt,
die du mich umgibst,
mich annimmst
in meinem Wesen.

Welt, die du mich beschenkst
mit all deinen Gaben,
deiner Schönheit und
deiner Vielfalt.

Welt, in die ich hineinlebe,
geboren aus meinem Sein,
mein Potenzial in dir
zu entfalten.

Welt, die ich auf meinem Lebensweg
durchdringe,
im Bewusstwerden
um den Einklang in dir.

SCHREIBEN – MALEN

Welt,
die ich in mir erfahre,
in mir fühle und
aus mir heraus lebe.

Wir - Welt sind Eins,
untrennbar verbunden
im Raum der Unendlichkeit...

Schnee

fällt in die Welt.
Flocke um Flocke
schweben sie als
wattebauschige Kristalle
vom Himmel,
bedecken wie Zuckerglasur
das Wesen der Natur.

Schnee fällt
auf Bewusstes und Nichtbewusstes,
auf Starres und Biegsames,
auf Leben und Sterben.
Eine andere Wirklichkeit erwacht.

Die neue Welt entsteht.
Bizarr, durchdrungen
von frostklirrender Kälte.
Malerisch, gemütserwärmend
beim Anblick der funkelnden

Kristalle im Sonnenlicht.

Naturwunder du,
lehrst mich durch die feine
Struktur deines Seins,
wie das kleine Zarte
durch die unendlich erscheinende Menge
zur schweren gewaltigen Masse werden kann.
Zunächst scheinbar nur ein Hauch,
dann eine Lawine...

Ich stehe sinnend
in den fallenden Flocken,
fühle, wie die kristalline Struktur
sich auf meiner Haut auflöst
und in mich eindringt.
Sanft, wie leises Flüstern
in die Ohren, rinnt die Botschaft
in mich hinein
bis auf den Seelengrund.

Dort in dem klaren See
meines kleinen Selbst
spiegelt sich das Lächeln
und die Freude der Kristalle wider,
das sie auf ihrer Reise in meine
kleine Welt begleitete...

Mein Lachen gilt den tanzenden
Flocken,
welche unentwegt fallen,
freudvoll jauchzend,

mich umschwirren, streicheln,
liebkosen,
um mit mir den Tanz
des Lebens zu feiern.

Sich als SELBST zu erkennen, ist **Selbst-Liebe**

Jeder Mensch sucht und sehnt sich nach Liebe und dem Bedürfnis, angenommen zu sein (Akzeptanz). „Eins sein" mit allem was ist, ist der Zustand der Wirklichkeit. Dies liegt der gesamten Schöpfung zugrunde. Jede Seele sucht von sich aus, aber meistens unbewusst, eine Neuausrichtung. So beginnt ein Erneuerungsprozess, um sich wieder als Ganzes mit der Urquelle des Selbst erfahren zu können...
Die Verwirklichung des Einsseins ist das, worum es in allen Entwicklungszyklen immer ging und auch jetzt geht. Dies ist die innewohnende Kraft, die die Handlungen der Menschen entsprechend ihrem Bewusstseinsniveau antreibt und steuert. Liebe, Akzeptanz und das Gefühl der Ganzheit, die jede Seele von Leben zu Leben suchte, ist bereits vollständig vorhanden, ist aber inaktiv und bleibt bis zur Bewusstwerdung unzugänglich. Es ist so etwas wie ein rationaler Überdeckungsprozess, der verhindert, dass der Mensch sich nicht erinnern und auch sein Kraftpotenzial nicht entfalten kann.
Es gibt allerlei Klischeevorgaben in unseren sogenannten zivilisierten Gesellschaften, die uns aufzeigen wollen, wie Liebe und Akzeptanz erlebt werden können. Konzepte, die den Einzelnen oft darin bestärken, alle Mittel zu verwen-

den, schön, gutaussehend, reich, stark und mächtig etc. zu sein. Sie werden aber üblicherweise abhängig von Leistung gemacht. Ein „Esel-Mohrrübe-Prinzip", das glauben machen will, sobald alle angestrebten Dinge erreicht wären, würde man glücklich und zufrieden. So würden sich Empfindungen wie Vollständigkeit, Liebe und Akzeptanz erreichen lassen.

Menschen zwingen sich oft mit Glaubenssätzen in eine Form, von der sie glauben, dass sie damit das Leben optimal meistern könnten. In der Regel ist das Verhalten aber nur eine Abkehr von der wahren Individualität.

Drogen, Alkoholkonsum und andere Süchte drücken oft ein inneres Verlangen nach mehr aus, können den Schmerz zwar vorübergehend lindern, aber nicht die Ursache beseitigen. Gefühle können von Leben zu Leben anhalten, mehrere Inkarnationen hindurch bis endlich entdeckt wird, was das Herz wirklich sucht.

Die Sehnsucht der Seele, ganz zu sein, treibt die Menschheit fortwährend an, nach dem richtigen Partner, einem besseren Job, mehr Geld, mehr Schönheit, Macht etc. zu suchen.

Liebe (Leben, Gott) existiert jetzt vollständig in uns und war uns nie abhanden gekommen - wir sind ES.

Alle Wahrheitssuchenden wissen bereits oder werden es noch erfahren, dass niemand jemals von der Liebe getrennt wurde oder werden kann. Sobald diese Wahrheit zum lebendigen, atmenden Bewusstseinszustand wird, löst sich der Drang nach Liebe und Akzeptanz in den äußeren Dingen auf. Nur Gott ist Liebe und jede liebevolle Person, aber auch alle unliebsamen Menschen und Geschöpfe sind Gott, der sich durch sie ausdrückt.

Viele, die sich physisch, emotional, mental und sogar spirituell auf andere auswirken, haben diese unakzeptablen, scheinbar paradoxen Eigenschaften bewusst oder unbewusst in sich erkannt, obwohl sie dies auf jede mögliche Weise leugnen werden. Selbsthass wird in der Regel als Gerechtigkeit verkleidet, die ein hohes Maß an Urteilsvermögen bis hin zu Gewalt gegen bestimmte Personen oder Gruppen mit sich bringt.

Intensive persönliche Reaktionen auf eine Person oder Gruppen tauchen gelegentlich auf, selbst wenn sich jemand bewusst entwickelt hat. Dies kann vorübergehend zu Verwirrung und Schuldgefühlen führen. Das geschieht, weil die Energie eines früheren Glaubenssystems immer noch im zellularen Speicher schwingt. Diese Art von Erfahrungen, aber ohne Urteil oder Schuld, können als wunderbare Werkzeuge genutzt werden, um Energien die noch im Bewusstsein schwingen, gründlicher zu untersuchen und zu klären.

Wenn Menschen spirituell erleuchtet werden, erleben sie oft intensive Schuld über vergangene Handlungen. Dies ist normal, wenn die Welt mit erwachten Augen gesehen wird. Erfahrungen sind Lebensbegleiter, die Menschen bei ihrem spirituellen Wachstum helfen, bis sie nicht mehr gebraucht werden. Jegliche unliebsame Handlung der Vergangenheit hat nur die Macht und Bedeutung, welche ihr zugemessen wird. Alle Erfahrungen sind Schritte auf dem Pfad der Erleuchtung (Ganzheit) und ohne sie würde Bewusstheit nicht möglich und keiner wäre dort, wo er jetzt ist.

Die Erden-Schule

Die Erden-Schule ist eine Schule, die mit der Vorschule beginnt und in die Grundschule, Gymnasium, College und Universität wechselt. Dort erwerben die meisten Menschen derzeit das Recht, andere zu unterrichten und zu unterstützen, wenn Sie hinter den Fortgeschrittenen auf der Leiter herankommen.

Es ist kein Akt von Weisheit, die Schule nach dem Abitur niederzubrennen oder sich zurückzulehnen und nichts zu tun, im falschen Glauben, angekommen zu sein. Entwicklung ist eine Gruppenübung - EINE, die wie viele, individualisiert ist.

Statt sich zu ärgern und zu verstecken lohnt es sich, sich über die gemachten Fehler zu freuen. Auch über die Anteile im Innern, die uns irgendwann Scham beschert haben. Das bedeutet nicht, dass es gut ist, mit Aktionen fortzufahren, die die Trennung widerspiegeln, wenn dies bewusst wurde. Aber es ist an der Zeit zu akzeptieren, dass jetzt ein allgemeiner und individueller Wachstumsprozess begonnen hat.

Wer aus diesen Erfahrungen gelernt hat, sollte sich jetzt qualifiziert fühlen, anderen zu helfen, die sich mit den gleichen Themen befassen. Ein Zeitenwechsel steht an, der das Potenzial hat, alles zu transformieren und in eine weitere Dimension zu bringen.

Trotz vieler Lehren gibt es keinen richtigen Weg, spiritueller zu werden, weil jeder Wahrheitsstrebende bereits so spirituell ist, wie er nicht spiritueller sein kann.

Kein Pfad, Lehrer, Werkzeug und keine Erfahrung kann helfen spiritueller zu werden, als jeder bereits ist. Entwicklung ist einfach der Prozess des Erinnerns und Akzeptierens dieser Tatsache, bis sie zu einem permanenten Bewusstseinszustand wird.

Es ist an der Zeit, bereit zu sein, alle Millionen von Konzepten loszulassen, die die Welt in Bezug auf Spiritualität präsentiert und weiterzugehen. Die meisten davon beinhalten den Blick auf eine Person, einen Ort oder etwas außerhalb vom Menschen selbst. Angesichts dessen sollte jeder akzeptieren, die Realität von wer oder was er wirklich ist, anzunehmen. Das meint Selbstliebe.

Sich als SELBST zu erkennen, ist Selbst-Liebe.

Es geht darum, sich zu erlauben, allen Schattenanteilen ihre rechtmäßige Position einzuräumen, um herauszustellen, was irgendwann geglaubt und verinnerlicht wurde. Alles, was dazu diente sich „weniger als" zu fühlen, darf nun verblassen. So tritt das Licht an seine Stelle. Dieser Lichtprozess ist derzeit kollektiv im Gange. Jeder braucht nur sein Bewusstsein zu nutzen und das Beste tun, was er in jeglicher Situation tun kann. Das ist Ausdruck von höchstem Bewusstsein oder Bewusstheit.

Menschen entschieden sich für die Trennung, als sie die Erde für ihren evolutionären Weg wählten. Es gibt jene auf anderen Planeten, die sich ohne dreidimensionale Erfahrungen entwickeln. Wenn der Mensch sich vollständig auf die niedrigeren resonanten Energien von Dualität und Trennung ausrichtet, kann er nicht auf die höheren Frequenzen seiner spirituellen Natur zugreifen. Dies ist der sogenannte „Schleier", der verhindert, dass die meisten Menschen auf die höheren Frequenzen zugreifen können. Das ändert sich allerdings derzeit schnell.

Jede inkarnierende Seele kennt den „Schleier", bevor sie

sich für die „Erden-Schule" entscheidet. Jene, die diese Botschaften erhalten, haben schon viele dreidimensionale Stürme überstanden, lebten alle Rassen und beide Geschlechter und haben während ihrer vielen Leben intensive Angst und Leid, sowie Freude und Glück erfahren. Aus diesem Grund werden die Menschen, die zu einem spirituellen Helfer hingezogen werden, nichts Neues hören oder Schock und Bestürzung erfahren, weil sie dies in diesem oder einem anderen Leben bereits gehört oder erfahren haben.

Das macht jeden Wissenden zu einem Lehrer, sobald er Wahrheit, Verständnis, Geduld und bedingungslose Liebe verkörpert.

Interpretation zu einem gechanelten Artikel von M. Raffaele

Verinnerlichung der wesentlichen Regeln zur Selbstbestimmung macht frei. Lebensfreude tritt an die Stelle von zwanghaftem Handeln. „Lerne die Regel, um sie zu brechen", meint, dass mit dem Verinnerlichen von Prinzipien, nicht mehr auf die Regel geachtet werden muss, weil die Handlungen aus sich selbst heraus geschehen. Gelassenheit entsteht aus der Selbstsicherheit des Seins. Spielerisches Handeln ist die Folge. Es gibt keinen Zwang mehr, nur freudige Ausgelassenheit.

Die erlöste Aggression

Claude Anshin, der sich vom ehemaligen Vietnamveteran zum ordinierten Zen-Mönch erhob, benennt das Thema in seiner Meditation: „Der inneren Gewalt etwas näher kommen." Die Kirche spricht von der Erlösung des Fleisches oder Erlösung des Geistes.

Fast jeder Mensch trägt ein Potenzial an unerlöster Aggressivität in sich, die letztendlich eine undefinierbare innere Angst erzeugt. Diese Angst erfährt der Mensch in inneren und äußeren Widerständen. Solange diese innere Angst, ob bewusst oder unbewusst am Wirken ist, werden alle äußeren Umstände negativ beeinflusst. Dies äußert sich im Alltag oft in nur scheinbar geringfügigen Verhinderungsprozessen dessen, was angestrebt wird.

Da alles miteinander verbunden ist, steht jeder Mensch in einem spezifischen Beziehungsverhältnis zu seinem Umfeld, innerhalb dessen er je nach Intensität der eigenen Wahrnehmung, mit passivem oder aktivem Verhalten reagiert. Dies bedeutet, dass das Umfeld oder die „Welt", wie sie wahrgenommen wird, sich adäquat zum eigenen Verhalten gestaltet. Sie dient damit als Spiegel des Menschen. Die äußeren Umstände, in denen sich ein Mensch befindet zeigen das innere Beziehungsschema auf. Sie verdeutlichen den Umgang des Menschen mit sich selbst. Frustration und die daraus resultierende Aggression entsteht, weil es bei dem Versuch bleibt, die äußeren Umstände zu ändern, ohne sich über den Bezug zu sich selbst, bewusst zu werden.

Ohne Selbst-bewusst-Sein ergibt sich keine Lösung. Somit können die inneren und äußeren, miteinander verknüpften Geschehnisse nicht erlöst werden. Hier ist die Auflösung des Reiz-Reaktionsschemas, wie ich es aus einem Prinzip der japanischen Kampfkunst Aikido kenne, hilfreich. Man kann es auch als Arbeit oder „Wachstum am Widerstand" bezeichnen. Nicht überwinden, sondern hindurchgehen durch den sich offenbarenden Prozess. Hinein gehen, in die Angst vor dem entstehenden oder vorhandenen Konflikt, ermöglicht erst eine angemessene Lösung. Es bedeutet, in das gesamte Konfliktpotenzial einzutauchen, um im inneren Kern den Frieden zu finden.

Die Lösung als Erlösung kreieren, d.h. die Schöpfung und damit sich selbst erneut bestätigen. Ein neuer Augenblick wird geboren. Die Situation wird sprichwörtlich neu erschaffen.

Aus dieser Erfahrung des Erschaffens einer eigenen, neuen Realität, ergibt sich ein neuer Bezug zum Umfeld. Es entsteht eine andere Perspektive. Neue Ein-und Ausblicke entstehen. Durch innere Erlösung und Befriedung entwickelt sich eine Basis für weiteres friedvolles Handeln.

Vital – mehr als gesund!

Vitalität ist der Ausdruck von Lebensfreude.
Kinder zeigen mit ihrer Spontaneität, ihrem scheinbar unendlichen Frohsinn und ihrer Ausdauer genau das, was
ich mit Vitalität meine. Durch sie wirkt eine ständig expan-
dierende Kraft in die Welt, die sich zudem immerwährend
erneuert. Die Kraft unseres Da-Seins, aus der Urquelle
des Seins sprudelnd, die unseren physischen Körper mit
all seinen Zellen bis in die feinsten Strukturen durchdringt. Wir erfahren Freude, eine unbändige Lebenskraft,
die uns kreativ antreibt und in die Welt hinein wirken lässt.

Wie könnte diese, immerwährend wirkende Kraft versie-
gen? Was in uns könnte bewirken, dass die Quelle der Lebensfreude nicht mehr sprudelt?

Die Kraft der Gedanken ist es, die uns segensreich wirken
lassen kann, aber auch unsere Aufmerksamkeit bindet.

Verlieren wir uns in äußeren Geschehnissen oder besin-
nen wir uns auf den Fokus in unserem Leben, für den wir
uns entschieden haben?

Seit jeher haben Menschen mit Hilfe körperlicher Übungen auf ihr Wesen eingewirkt, um sich seelisch-geistig
und physisch zu nähren. Mit Erfolg, wie uns die Überliefe-
rungen berichten.
Bewegungsübungen aller Art beschäftigen auch heute
viele Menschen auf der Welt. Ob als gesund oder Trend
vermarktet, stellt sich letztendlich nicht unbedingt der er-
wartete zufriedenstellende Effekt ein. „Gesundheit - unser

höchstes Gut" nennt es die Gesundheits-Vermarktungs-industrie, die immer wieder etwas Neues herausfindet, was dem Menschen helfen soll. Ein scheinbares „Muss" suggeriert dem heutigen Menschen, dass Gesundheit und Vitalität so oder so erkauft werden können.

Hast du dich auch schon mal gefragt, ob das wirklich so sein muss? Worin liegt der Unterschied zu den Übungen, welche zur Vitalität verhelfen?

Das bewusste Tun und die Einfachheit!

Richtig atmen, bewegen, gehen und stehen, so wird es in den asiatischen Kampfkünsten, als Essenz aller Geheimnisse gelehrt. So einfach, das kann doch gar nicht möglich sein, werden sich viele Menschen fragen. Und doch ist dem so!

Was der Kampfkunst als Grundlage diente, wo es oftmals um Leben oder Tod ging, kann auch im Lebensalltag als anwendbares Prinzip hilfreich sein. Probiere es einfach aus und lasse dich überraschen...

Mich hat das taoistische Yoga tief beeindruckt. Die Einfachheit der Übungen, die dennoch effektiv und nachhaltig auf den Organismus einwirken, hat mich überzeugt. Ich war regelrecht fasziniert vom Tao-Yin, dem ältesten uns überlieferten chinesischen Bewegungssystem, das einige Jahrhunderte bevor die komplexen Bewegungsübungen wie Ql-Gong, Tai-Chi und Kung-Fu entwickelt wurden, im alten China des Tao der Volksgesundheit diente.

Über meine langjährige Kampfkunsterfahrung kam ich mit den Körperübungen des DO-ln, wie die japanische Beschreibung lautet, in Kontakt. Mir gefiel der gesundheitliche Ansatz über entschleunigte Bewegung und Atmungs-Bewegungssynchronizität, Meridiane und Organzonen positiv stimulieren zu können. Nach etwa einem Übungsjahrzehnt entschloss ich mich, mein eigenes Bewegungssystem, das ich Vital Do-In nannte, zu entwickeln.

Meine Intention war, Menschen einfache Übungen als Alltagshilfe, zur Vitalisierung und Energiebalance, zu vermitteln. So gelang es mir eine Übungsabfolge zusammenzustellen, die überall und jederzeit ohne jeglichen Aufwand geübt werden kann.

Weiterführend erstellte ich ein Lehrvideo mit dem Titel „Vital Do-In", sowie ein bebildertes Lehrbuch unter gleichnamigem Titel „Vital Do-In, Im Fluss der Ruhe", das im Buchhandel zu erwerben ist.

Von der Kampfkunst zur Heilkunst

Nicht, dass ich mich hier als Heiler profilieren möchte, wenngleich ich schon durch mein Einwirken auf andere Menschen erstaunliches erlebt habe. Nein – ich sehe mich eher als spiritueller Lebensbegleiter und aufgrund meiner Ausbildungen und langjährigen Erfahrungen in der Körperarbeit, als Gesundheitscoach.

„Trainer für asiatische Vitalisierungstechniken" war meine persönliche Beschreibung. Ich musste für mein Verständnis den Begriff so weit fassen, weil ich in meinen Kursen mit unterschiedlichen und vielerlei Elementen arbeitete, die den mir bekannten Kampfkünsten und Gesundheitssystemen entstammten. So wurde, begleitend durch alltägliche ZEN-Praxis, alles für mich immer feinstofflicher und ich entfaltete eine stärkere Empfindsamkeit und Achtsamkeit.

Ich erinnere mich noch, als ich vor einigen Jahrzehnten mit einer befreundeten Psychologin zur gemeinsamen Akupunkturausbildung fuhr. Während ich am Steuer saß, konnte ich ihr plötzlich die Gebärmutterschmerzen exakt beschreiben, die sie gerade empfand. Ich bin sicher, dass ich als Mann nicht mit diesem weiblichen Organ ausgestattet bin. Um so mehr zeigte mir diese Erfahrung was alles möglich ist, wenn man sich auf eine Tiefenempfindung einlassen kann.

Diese zunehmende Empfindungsfähigkeit brachte mich zu dem, was ich heute als „Liegearbeit" unter dem Begriff „Vital-Punkt Stimulation", bezeichne. Ich merkte, dass ich mit Handauflegen und verschiedenen körperlichen Berührungen an Vitalpunkten und Organzonen, sowie Chakren (Energiewirbel), einen Menschen in einen Zustand versetzen konnte, der dem der Tiefschlafphase ähnelt. Nur, dass der Mensch nicht schläft und bei seinem Bewusstsein bleibt.

Ich empfand diese Möglichkeit, meine langjährige Erfahrung und Übungen verschiedenster Disziplinen nun als Essenz anderen Menschen mitzuteilen, die keine Möglichkeit hatten diese Erfahrungen machen zu können, als hilfreichen mitmenschlichen Akt. Gleichzeitig erscheint es mir auch als zeitgemäßes Thema, denn viele Menschen sind im Zuge allerlei negativer Auswirkungen auf ihren Organismus gestresst und ruhelos geworden. „Wenn die Seele atmen will", ist der Untertitel zu meiner Vital-Punkt Stimulation und ich glaube, dass dies die genaue Umschreibung des Prozesses ist, der bei den meisten Menschen ansteht...

FAZIT MEINER RETROSPEKTIVE

Wie schon in dem einen oder anderen Artikel unter dem Begriff „ZEN-Blätter" erwähnt, ging es mir immer um das Herausfinden von Prinzipien, die universell einsetzbar sind. Das hat nichts mit der Suche nach einem Trick zu tun, mit dem man manipuliern kann. „Der Trick ist der, dass es keinen gibt" erläuterte ich oftmals als Aikidolehrer spektakulär erscheinende Vorgänge. Meine Schüler staunten manchmal recht ungläubig, wenn ich beispielsweise einen Menschen durch die Luft warf, obwohl ich mich scheinbar nicht oder kaum bewegte. Wenn ich dann noch sagte, dass ich damit nur die Gesetze der Physik bestätigen würde, wurde der ungläubige Ausdruck ihrer Gesichter oft nur noch stärker... Dennoch sagte ich die Wahrheit und hielt nichts versteckt. Ich bat meine interessierten Schüler immer wieder einfach weiter zu üben und sich mehr auf das Empfinden einzulassen, anstatt über das Gesehene nachzudenken.

„Erst fühlen, dann denken", forderte ich immerwährend auf. „Wenn man mit dem Denken beginnt, kann man meist nicht mehr fühlen", war meine Erkenntnis aus all meinen Übungen. Das liegt wohl daran, das wir aufgrund vielerlei Konditionierungsmechanismen in einen Betrachtungsprozess hineingezogen werden, der die Empfindungsfähigkeit überdeckt oder gar ausblendet. Natürlich resultieren aus der Betrachtung auch Gefühle, nur haben diese nichts mit der augenblicklichen Situation zu tun. Die Gefühle, welche bei der gedanklichen Bildbetrachtung wahrgenommen werden sind mit dem Bild verknüpft, das gerade auf uns einwirkt. Dabei tritt das „Jetzt-Geschehen" zwangsläufig in den Hintergrund, so als wäre es Vergangenheit. Daraus resultiert, dass wir von der ursprünglichen Situation momentan getrennt sind und auf die vordergründig wirkenden Bilder reagieren. Somit sind wir in einem Reiz-Reaktionsschema gefangen, das verhindert, dass wir völlig frei und unbeeindruckt dessen, in dem was gerade jetzt geschieht, agieren können... Einer meiner Lehrer hat es mit der Schaffung eines Zustands bezeichnet - der absolute Punkt, in dem sich Bewegung und Nichtbewegung treffen - eins sind. „In der Bewegung ruhig - in der Ruhe bewegt", ist das immerwährend gleichlautende Motto, das in der Kampfkunst (Bewegungskunst), wie auch in der ZEN-Meditation Beachtung findet. Es spielt dabei absolut keine Rolle ob man sich bewegt oder ruhig da sitzt. Die äußere Haltung ist nicht davon abhängig einen tiefgründigen Zustand erzeugen zu können. Er geschieht einfach aus sich heraus, wenn er zugelassen wird. Nach meinen Erfahrungen ist damit wahrscheinlich das gemeint was einige spirituelle Meister meinen, wenn sie sagen, das Leben sei eine einzige Meditation.

Ebenso spielt es auch keine Rolle, welches Medium dabei zum Ausdruck der Übung kommt, sei es ein Küchengerät, Stock oder gar ein Schwert. Einzig und allein die Absicht ist entscheidend. So konnte ich zum Beispiel mit einem Dirigenten der weltweit Orchester dirigiert, Schwertübungen machen, um seine Präsenz zu schulen. Das mag absurd anmuten, bestätigt aber nur, dass es um eine Ausdrucksform geht, die ein universelles Prinzip zum Ausdruck bringt. Natürlich kam nach der Einübungsphase auch der Taktstock erfolgreich zum Einsatz. Soviel ich weiß, übt er damit vor seinen Orchestern auch effektiver, als wenn er mit einem japanischen Holzschwert auf der Bühne stünde...

Es gäbe in meiner rückblickenden Lebensschau noch so vielmehr zu sagen. Aber es wäre wohl immer wieder die Wiederholung ähnlich erfahrener Situationen und somit denke ich, gibt es nichts mehr hinzuzufügen. Bei Neale D. Walsch hatte ich gelesen, dass er meint, man müsse sich alles Wiederholte noch einmal auf der Zunge zergehen lassen, als würde man es zum ersten Mal hören. Dem kann ich nur zustimmen und übe mich auch diesbezüglich, was mich gelegentlich und auch öfter aufs Neue in Erstaunen versetzt. Dennoch glaube ich, dass es nicht grundsätzlich hilfreich ist, sich immerwährend zu wiederholen, da ein Zuhörer sich dessen alsbald überdrüssig werden kann...

Zumutbarkeit - Die Quadratur des Kreises

Wieviel Ungereimtes, Spirituelles, rational Umschreibendes und mit eigenen Behauptungen Versehenes, kann man einem Leser zumuten? Diese Frage stellte ich mir öfter, bevor ich mich endlich traute, alles so niederzuschreiben. Ich verlange keinesfalls ausnahmslos verstanden zu werden, hoffe aber doch insgeheim, einige Anstupser gegeben zu haben.
Totaler Quatsch mag der Eine oder Andere zu meinen Ausführungen sagen. Ich werde mich deshalb weder rechtfertigen, noch versuchen vom Gegenteil zu überzeugen. Nach dem Motto: „Jeder kann nur das geben, was er hat" und „Jeder kann nur das annehmen, was er braucht", vertraue ich darauf, dass es Leser gibt, die sich zu meinen Erfahrungen und Aussagen hingezogen fühlen. Damit kann ich leben ...

Isak K. Burg

Isak Kurt Burg

* 1949, Wiesbaden – † 2019, Kassel
lebte und arbeitete als examinierter Krankenpfleger, Aikido- und Meditationslehrer, Trainer für asiatische Bewegungstechniken, Geistheiler, spiritueller Lebensbegleiter und Coach.
Dieses Buch schrieb er in den letzten Monaten vor seinem Tod im Januar 2019.

Weitere Veröffentlichungen, erschienen im BoD-Verlag:
Vital Do-In: Im Fluss der Ruhe
Geheimnisvolles Nordhessen - DörnbergGeschichten
DörnbergGeschichten - Der Recke vom Zauberberg
Das kleine Licht, eine metaphorische Geschichte

„HAUPTSACHE EGAL ..."